El libro de datos aleatorios sobre el lenguaje

I0395142

Sneaky Press

Contenido

Datos aleatorios sobre el lenguaje   6

Datos aleatorios sobre las familias de lenguas   12

Datos aleatorios sobre la puntuación   22

Datos aleatorios sobre el lenguaje

El idioma con el mayor número de hablantes nativos es el chino mandarín.

El idioma hablado por el mayor número de hablantes es el inglés.

El idioma hablado por el mayor número de hablantes no nativos es el inglés.

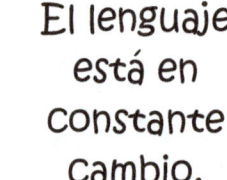

El lenguaje está en constante cambio.

SNEAKY PRESS

©Copyright 2023
Pauline Malkoun

The right of Pauline Malkoun to be identified as author of this work has been asserted by them in accordance with Copyright, Designs and Patents Act 1988.

All Rights Reserved.

No reproduction, copy or transmission of this publication may be made without written permission.
No paragraph of this publication may be reproduced, copied or transmitted save with the written permission of the publisher, or in accordance with the provisions of the Copyright Act 1956 (as amended).

Any person who commits any unauthorized act in relation to this publication may be liable to criminal prosecution and civil claims for damages.

A catalogue record for this work is available from the National Library of Australia.

ISBN 9781922641823

Sneaky Press is the imprint of Sneaky Universe.
www.sneakyuniverse.com
First published in 2023

Sneaky Press
Melbourne, Australia.

Se cree que el idioma más difícil de aprender es el vasco, un idioma hablado en el noroeste de España y el suroeste de Francia. Tiene un sistema de vocabulario y gramática excepcionalmente complicado y no parece estar relacionado con ningún otro idioma en el mundo.

El país con más idiomas hablados es Papúa Nueva Guinea, que tiene 820 idiomas vivos.

Los idiomas han existido desde alrededor del 100,000 a.C.

En el momento de la impresión en 2021, se hablan 7139 idiomas en todo el mundo.

El idioma oficial de un país es el idioma en el que un gobierno realiza negocios.

Solo hay un país africano donde toda la población habla el mismo idioma, Somalia. Todos hablan somalí.

Sudáfrica tiene 11 idiomas oficiales.

Muchos idiomas en África incluyen un sonido "clic" que se pronuncia al mismo tiempo que otros sonidos. Los idiomas que incluyen sonidos "clic" deben aprenderse durante la infancia para lograr fluidez.

Se hablan más de 1.000 idiomas distintos en el continente africano.

La Biblia es el libro más traducido.

El primer lenguaje escrito fue el sumerio alrededor del 3200 a.C.

Los idiomas escritos más antiguos aún existentes son el chino o el griego desde alrededor del 1500 a.C.

El documento más traducido es la Declaración Universal de Derechos Humanos, escrita por las Naciones Unidas en 1948, ha sido traducida a 321 idiomas y dialectos.

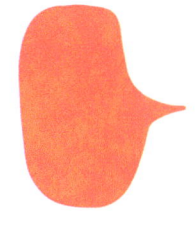

Los sonidos consonánticos más comunes en los idiomas del mundo son 'p', 't', 'k', 'm', y 'n'.

La mitad de la población mundial habla uno de los 10 idiomas más grandes del mundo como su primer idioma.

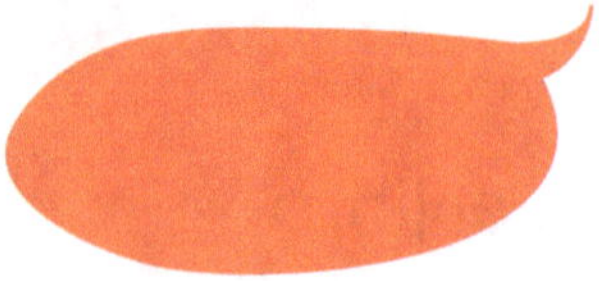

Durante 600 años, el francés fue el idioma oficial de Inglaterra.

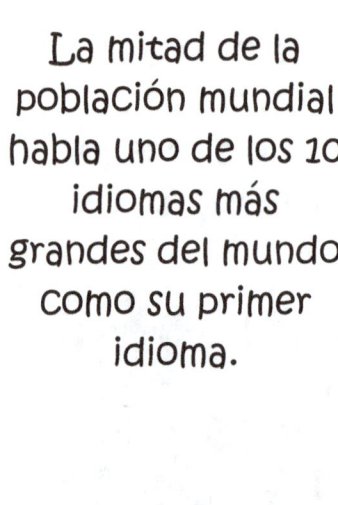

El inglés es el idioma más publicado ampliamente.

Todos los pilotos se identifican en inglés en vuelos internacionales.

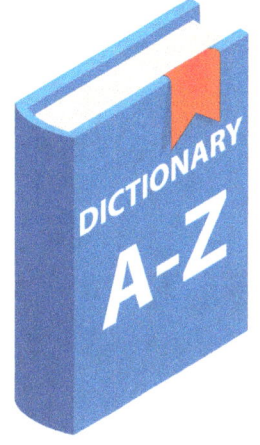

El idioma con más palabras es el inglés, con aproximadamente 250,000 palabras distintas.

El idioma con menos palabras es el Taki Taki (también llamado Sranan) con solo 340 palabras. Taki Taki es un criollo basado en el inglés. Es hablado por 120,000 personas en el país sudamericano de Surinam.

Datos aleatorios sobre las familias de lenguas

Los idiomas se clasifican en familias según similitudes debido a un ancestro común del lenguaje del cual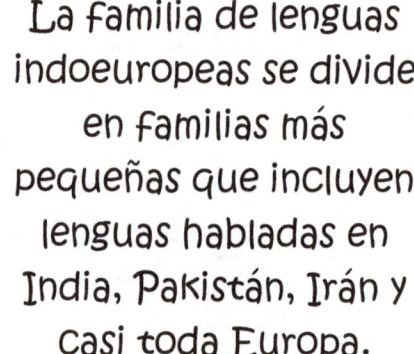

La familia de lenguas indoeuropeas se divide en familias más pequeñas que incluyen lenguas habladas en India, Pakistán, Irán y casi toda Europa.

Las similitudes entre el antiguo idioma indio, el sánscrito, el latín y el griego se notaron a principios del siglo XVIII.

La familia indoiraní incluye idiomas como urdu, hindi, bengalí y punjabi, hablados en el norte de India y Pakistán. El persa y el kurdo también forman parte del grupo de lenguas indoiraníes.

El grupo de lenguas romances se desarrolló a partir del latín. Incluye idiomas como español, portugués, francés, italiano y rumano, entre otros.

El grupo de lenguas germánicas incluye las lenguas escandinavas (sueco, danés, noruego, islandés y feroés), así como inglés, alemán, holandés, flamenco (que se habla en una parte de Bélgica) y afrikáans (que está relacionado con el holandés y se habla en Sudáfrica).

El grupo de lenguas eslavas incluye ruso, bielorruso, ucraniano, polaco, checo, eslovaco, búlgaro, serbio y croata.

El grupo de lenguas griegas incluye formas modernas y antiguas del griego.

El grupo de lenguas celtas incluye el bretón, el gaélico irlandés, el galés y el gaélico escocés.

El grupo de lenguas bálticas incluye el letón y el lituano.

El grupo de lenguas fino-úgricas incluye el finlandés, el estonio, el saami y el húngaro.

El idioma vasco, hasta donde sabemos, no tiene parientes lingüísticos conocidos.

El grupo de lenguas túrquicas incluye el turco, el azerbaiyano, el uzbeko y el kazajo.

La familia de lenguas afroasiáticas se encuentra en las partes norte y este de África. Esta familia generalmente se divide en cinco subgrupos con el grupo de lenguas semíticas como el más común. Esta es la familia del árabe, hebreo, amárico y tigriña, así como del extinto idioma egipcio, conocido por sus jeroglíficos.

La familia de lenguas Níger-Congo generalmente se divide en diez subgrupos con cada subgrupo que incluye varios cientos de idiomas.

La familia de lenguas Khoisan se habla en el sur de África. Estos idiomas incluyen los sonidos clic.

La familia de lenguas nilo-saharianas incluye todos los demás idiomas hablados en África.

Incluye el grupo de lenguas nilo que consta de aproximadamente 150 idiomas hablados por personas en África oriental. El grupo de lenguas saharianas incluye 10 idiomas hablados en Chad, Níger y Libia.

La familia más grande del Níger-Congo es la familia de lenguas bantúes. Estos idiomas se hablan en África subsahariana e incluyen swahili.

La familia de lenguas malayo-polinesias incluye lenguas habladas en Asia y Oceanía. Incluye lenguas como el javanés, el indonesio, el tagalo (encontrado en Filipinas) y el malayo que pertenecen a la rama occidental de la familia de lenguas malayo-polinesias.

La rama oriental incluye las lenguas de las comunidades micronesias, polinesias y melanesias, incluidas las lenguas habladas en Fiji y el idioma maorí de Nueva Zelanda.

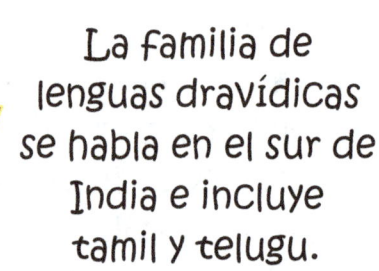

La familia de lenguas dravídicas se habla en el sur de India e incluye tamil y telugu.

La familia de lenguas australianas incluye las más de 250 lenguas indígenas habladas por los pueblos originarios de Australia. Estos incluyen Walpiri, Arrernte, Kuwarra y Nyangumarda.

La lengua sino-tibetana incluye las lenguas de China, como mandarín Hakka, Wu y Yue (cantonés) y Birmania, Tíbet y Taiwán, sin embargo, las relaciones entre las lenguas de esta familia son poco claras y controvertidas.

Al igual que el vasco, tanto el japonés como el coreano no tienen parientes lingüísticos conocidos.

Se cree que el tailandés y el vietnamita son parientes lingüísticos lejanos.

La relación entre los aproximadamente 700 idiomas hablados en Papúa Nueva Guinea (el grupo de idiomas papúes) es desconocida. Han sido agrupados en una familia debido a la proximidad geográfica.

La familia de lenguas indígenas americanas comprende unas 20 familias lingüísticas con algunas lenguas en cada una de los pueblos indígenas de las Américas. Esta familia incluye Quechua que se habla en Bolivia y Perú y Guaraní que se habla en Paraguay.

Datos aleatorios sobre la puntuación

El signo @ tiene una variedad de nombres (divertidos). En los Países Bajos, se llama "cola de mono", en Israel se llama "strudel", en ruso es el "perrito", el "caracol pequeño" en italiano y el "A loco" en bosnio.

en realidad se llama octothorpe porque tiene ocho puntos.

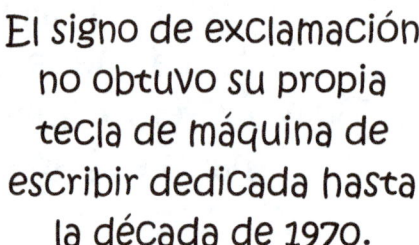

El signo de exclamación no obtuvo su propia tecla de máquina de escribir dedicada hasta la década de 1970.

El "punto final" ha existido desde el siglo III a.C. y solía colocarse en la parte superior de una línea en lugar de en la parte inferior.

Se cree que la coma y el punto final fueron inventados por el mismo hombre, Aristófanes de Bizancio, para mostrar a los actores cómo se deben leer los pasajes individuales del texto.

El ampersand solía ser la 27ª letra del alfabeto inglés (significaba 'y').

La escritura temprana no tenía puntuación (ni espacios).

Otros títulos en la serie Datos Aleatorios

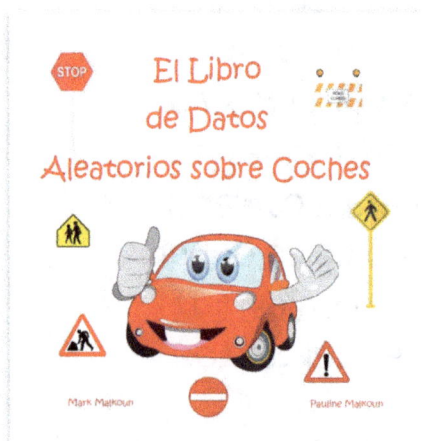
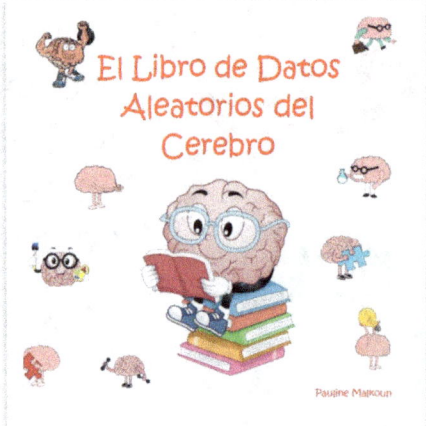

www.ingramcontent.com/pod-product-compliance
Lightning Source LLC
Chambersburg PA
CBHW081629100526
44590CB00021B/3668